ठहराव

कुछ बातें

(कविताएँ)

ठहराव

कुछ बातें

मनरागी

2026

उन लम्हों के नाम,
जिन्होंने लिखना सिखाया।

उन यादों के नाम,
जो अब भी मेरे साथ चलती हैं।

उन रास्तों के नाम,
जहाँ ये शब्द मिले।

उन अपनों के नाम,
जिनसे इन शब्दों को साँस मिली।

आप और हमारी निजी बातें

आप इन्हें गीत कहो या ग़ज़ल कहो,
नज़्म कहो या शायरी;
हम तो कहेंगे तजुर्बे या ख़्वाहिशें!

पता नहीं और कितना वक़्त टिका पाऊँगा ख़ुद को,
अपनी यादों में एक किताब छोड़ रहा हूँ।
शायद कभी किसी को इसमें अपना अक्स मिल जाए!

इंसान के भीतर अनगिनत भावनाएँ होती हैं। कभी खुशी, कभी उदासी, कभी उम्मीद, तो कभी उलझन। शायद इन्हीं भावनाओं के बीच ये शब्द जन्म लेते हैं। मैंने कभी सोचा नहीं था, कि अपनी निजी कविताएँ कभी सार्वजनिक करूँगा। जो भी लिखा है, उसे उसी रूप में रहने दिया है, जैसा वह उस विशेष समय में मैंने महसूस किया था। इन पन्नों में वही कुछ पल दर्ज हैं, जो कभी मन में ठहर गए थे। कुछ बातें जो कही जा सकीं, और कुछ जो शायद अब भी अनकही हैं।

अगर सब कुछ ठीक रहा, तो और भी बहुत कुछ है आपको सुनाने को। हम फिर मिलेंगे किसी अच्छी महफ़िल में।

अनुक्रमणिका

भाग 1 — मैं और कुछ बातें

भाग 2 — वो और कुछ बातें

भाग 3 — समाज और कुछ बातें

शीर्षक	**पेज**

भाग 1

मैं और कुछ बातें

कहाँ है मेरा वजूद?

कहाँ है मेरा वजूद?
कहीं बसने की चाह
यहाँ पुराने दोस्तों के साथ,
या वहाँ विद्वानों के संग?
किसी की कोमल-सी बाँहों में,
या ख़ुद की चार दीवारों में?

कहाँ है मेरा वजूद?
जग से परे चाँद पर
या परियों की किसी गाथा में?
अतीत की यादों में,
या भविष्य की संभावनाओं में?

कहाँ है मेरा वजूद?
पहाड़ों में या खाई में?
न रह सकता दोनों पर एक साथ।
सड़कें जा रही हैं विपरीत,
खड़ा हूँ दोनों के इस पार। उम्मीद है,
अगले जन्म तक दोनों राहें मिल जाएँ।

ज़िंदगी – रंजिश

न जाने क्या रंजिश है ज़िंदगी को मुझसे,
क्यों मेरा मन ख़िलाफ़ है मेरे।
सुबह होने से पहले ही सूरज ढल जाता है,
बारिश आने से पहले ही पेड़ सूख जाते हैं।

मायूसी का जैसे घर है मेरी ज़िंदगी,
बेफ़िक्र-बेपरवाह मन मेरा ढूँढता रहता है... ज़िंदगी !

कोशिशें मैं कर रहा हूँ।

कोशिशें मैं कर रहा हूँ।
आधे मुरझाए गुलाब को पानी देकर,
वापस खिल जाने की उम्मीद मैं कर रहा हूँ।
मुझे लग रहा है, कोशिश मैं कर रहा हूँ।

टूटी कश्ती को पतवार पकड़ा कर
डूबते सफ़र में, बीच तूफ़ान,
कश्ती बचाने की ज़िद मैं कर रहा हूँ।
मुझे लग रहा है, कोशिश मैं कर रहा हूँ।

बिना हवा, पतंग को
फूँक मार-मार कर
उड़ाने की मशक़्क़त मैं कर रहा हूँ।
मुझे लग रहा है, कोशिश मैं कर रहा हूँ।

बंद घड़ी के काँटों को
पीछे घुमा-घुमा कर बार-बार,
लम्हे चुराने की साज़िश मैं कर रहा हूँ।
मुझे लग रहा है, कोशिश मैं कर रहा हूँ।

न जाने क्यों जाने-माने रास्ते छोड़े,
निकल पड़ा अनजान मंज़िलों को पाने के लिए।

मन तो है कहीं दूर चला जाऊँ,
सबको खोकर, न जाने ख़ुद को पा लूँ।

जो मैं रो रहा हूँ आज

जो मैं रो रहा हूँ आज,
उसका कारण मेरा आज नहीं है।
दिन आज गया था अच्छा,
सिसकियाँ भरी हो गई है शाम।

पहले संकोचे उन अनगिनत पीड़ाओं का बोझ,
धीरे-धीरे उभर – बाहर आ रहा है आज।
चीख़-चीख़ कर रुदन कर रहा हूँ मैं,
पर अश्रु नहीं आ रहे आज।

शायद ज़रूरी नहीं दुःख में आँसू ही आएँ;
हम जैसे मुस्कुरा भी लिया करते हैं।
टाल देते हैं आज का दर्द मनरागी,
अगली सुबह फिर, मुस्कुराकर काम पे जाते हैं।

ये लम्हे बीत जाएँगे,
तेरे बोल ढल जाएँगे।
बस वक़्त पर पंक्तियाँ लिख देना,
तेरे अधूरे गाने भी चल जाएँगे।

तुलना

हम ज़र्रा[1] थे,
लोग हमको हवा से तौलने लगे।

हम पवन बने,
लोग पानी से तौलने लगे।

हम समंदर बने,
लोग गगन से तौलने लगे।

हम आसमान बने,
लोग अंतरिक्ष से तौलने लगे।

हम, हम बने!
लोग सबको हमसे तौलने लगे।

1 कण

पहलू

अक्सर सबके दो नज़रिए होते हैं।
किसी की नज़र में आती है वादियों की शांति,
किसी की नज़र में आता है शहरों का शोर।

कोई स्वीकारता है बेनूर ज़िंदगी,
कोई सदा चाहता है आगे बढ़ना।

मृत्यु से खाली होता है एक आशियाना[1],
मृत्यु से बुझ जाता है कल का चिराग।

ख़ुशी की महफ़िल में पहचान होती है ईर्ष्यालु की,
ग़म की घड़ी में मिलते हैं यार-ए-वफ़ादार।

मेरी रूह का एक हिस्सा चाहता है मोहब्बत,
दूसरा तड़पता है इंतक़ाम के लिए।

मुझे नज़र आ रही है खाई और क़लम,
एक जा रही है ज़ुल्मत[2] में, दूसरी....

1 बसेरा
2 अंधकार

ठहराव

ज़िंदगी की दौड़ में तू पीछे देखने को मुड़,
साँस लेने की ख़ातिर तू ज़रा रुक... तू ज़रा रुक।
कल की मन-लुभाती रंगीन तितलियाँ हैं गई उड़,
नए-नवेले मोह में ख़ुद को तू ना कर नाज़ुक।

पतझड़ की फ़िक्र में तू, आज की बारिश को ना टाल,
हथेली आगे कर, ख़ुशियों की बूँदों को तू पाल।
फैल जा मोर की तरह, चारों ओर तू थंगनाट[1] कर,
जी ले आज की मदहोशी, कल फिर पूर-जोश पुकार कर।

दो घड़ी तू रुक जा, फिर पलटवार कर,
लंबा है खेल ये, म्यान की भी सफ़ाई तू कर।
पन्नों को पलट, ज़रा दोहराव कर,
साँस ले, ऊपर देख; थोड़ा ठहराव कर!

1 उत्साह से झूमना

आज़ाद पंछी

क्या फ़र्क़ है खुले आसमानों के
और पिंजरबद्ध पंछी में?
अगर लाचारी और नित्यक्रम में बंधे हो,
उस आज़ादी तक पहुँचने के पहले, हर पंछी है क़ैद।

पिंजरबद्ध पंछी को भी
मिलते हैं अनोखे मौके,
पर मोह, डर, आलस के साए से
मनरागी भला कौन छूट पाया है?

प्रतिध्वनि

चीख़ा, ख़ामोशी सुनाई दी ।
राख को सहेजा, आग बुझाने के लिए ।
साथ थे हम, अकेले ।
सारे ख़्वाब ख़त्म मेरे, पा लिया सब मैंने?
मैंने सुना था तुम्हें, समझ नहीं आया ।

बस, चुप रहा ।

मैंने सुना था, तुम्हें समझ नहीं आया !
सारे ख़्वाब ख़त्म मेरे, पा लिया सब मैंने ।
साथ थे, हम अकेले ।
राख को सहेजा आग, बुझाने के लिए?
चीख़ा ख़ामोशी, सुनाई दी !

अपनों के सवाल-जवाब बहुत होते हैं,
मैंने मदद ग़ैरों से ही माँग ली।

एक अनजान बुढ़िया

बुढ़िया थी एक बड़ी सयानी,
न थी मेरी सगी दादी, फिर भी
उनके बग़ीचे में से,
दे दिया फल-फूल-सब्ज़ियाँ करती थी।
दो तिहाई बालों में चाँदी उतर आई थी,
एक तिहाई हो गई थी कमर बिचारी की।
छड़ी फिर भी नहीं रखती थी,
हर काम वो चाव से करती थी।
काल का हुआ प्रतिकार,
सत्तर में ही चल बसी हिमालय पार।

मैं भी अक्सर सोचता हूँ,
क्या होगा मेरी मृत्यु पे?
क्या यादें चली जाएँगी?
सिर्फ़ रस्में रह जाएँगी?
शौक़ सब पहले मनाएँगे,
या सफ़ेद कपड़े पहनने अंदर जाएँगे?
अभी इस पल, भर पेट रोएँगे?
या इंतज़ार दर्शकों का करेंगे?

लगभग दो साल हो गए इस बात के,
गया था घर उनके।
खा रहे थे सब चाव से,
पर बात कही न हुई दादी की।
हार-माला टंगी थी दीवार पर,
मुस्कुरा रहे थे सब खिल-खिलाकर।
न दिखा कहीं वो बग़ीचा,
न रखे किसी ने फल-फूल-सब्ज़ियाँ प्यार से।

ऊँचाई से डर नहीं लगता,

डर तब लगता है जब पैर रखने को ज़मीन न हो।

मसला बुलंदी का कभी था ही नहीं,

सवाल हमेशा तक़वियत[1] का रहा है।

1 सहायता

एक तस्वीर

मुस्कुराती एक तस्वीर,
दीवार पे टंगी है मेरी।
बाल-कक्षा की वर्दी,
शक्ल पे मासूमियत थी मेरी।
न कोई दुनिया का ग़म,
न कल की परवाह।
जब चाँद को देखकर सोचता था,
क्यों पीछा कर रहा है मेरा?
माँ ने परियों की कही थी बात,
क्या हूँ मैं सच में कोई ख़ास?

बचपन की तरह हर खेल में,
जीतने की ज़िद अब नज़र नहीं आ रही।
झूले पहले भी झूला करता था,
पर उसकी कोई थकान न थी।
वो आत्म-विश्वास, और जुनून
शायद मैं खो रहा हूँ,
या शायद, सपने भूलना सीख गया हूँ मैं।

निकले थे ढेर सपने लेके,
धीरे-धीरे अपने पैरों पे चलना सीख गए।
दुनिया बदलने की चाहत तो बहुत थी,
धीरे-धीरे उस दुनिया के ढाँचे में ढलना सीख गए।
सोचा था दुनियादारी का,
दो वक़्त घर की रोटी ख़ातिर हमने रुख़ मोड़ लिया।
संत बन जाते जग कल्याण हेतु मगर,
घर का परिश्रम देखकर
हमने जग से नाता तोड़ दिया।

बैठा हूँ छत पे,
पैर हवा में लहराए हुए।
असमंजस है कल की साँसों का।
कहीं से अंदर आ जाती है आवाज़,
“मत छोड़ उम्मीदें,
न हो हताश।
देख ऊपर, है तू ख़ास...
चाँद अभी भी चल रहा है तेरे साथ।”

भाग 2

वो और कुछ बातें

उलझे धागे

उलझे धागों की एक उलझन सुलझाने को
प्यार समझ बैठते हैं।
न जाने कितनी नई उलझनों के
गले लग जाते हैं।

बड़ी रस्सी को काट-काट कर,
उसमें गाँठें लगाने वालों को
प्यार समझ बैठते हैं।

मन नहीं है

कहने को तो बहुत कुछ है,
पर कहने का मन नहीं है।
किसी कोने में हँसता हूँ
तुम्हारी बेवक़ूफ़ियों पे मैं,
उसी कोने में रोता हूँ
ख़ुद की ग़लतियों पे मैं।

भीड़ में प्यासी मेरी ढूँढती निगाहें;
लाखों में से चमककर तू दिख जाए,
ऐसी हैं तेरी अदाएँ।
तेरी यादें फ़लक-फ़लक फलकती हैं,
मंद-मंद पवन में तू
मलक-मलक मलकती है।

तेरी मासूम-सी मुस्कान पे,
सादगी भरी अदाओं पे
एक मीठी टिप्पणी कर दिया करता था।
सब कुछ जाने - अनजान होकर,

तेरा दिल किसी कोने में
तो हँस दिया करता था।

काश तेरे वो छिछोरे दोस्त न होते,
जो हमारी दूरी का कारण हैं।
काश वो वक़्त मेरा होता, जो उनका हो गया था।
शायद अच्छा ही हुआ, कॉल नहीं उठाया तुमने,
जिस दिन इश्क़ बयाँ करने वाला था मैं।
कुछ ख़्वाब अधूरे ही बेहतर होते हैं।

वैसे तो सारा नाता तोड़ चुके हैं हम,
पर पता नहीं क्यों, कहीं से
उसकी यादों की एक झलक-सी आ जाती है।
सूखे दिल में जाने क्यों बहार-सी आ जाती है।

यह तो एक पन्ना है,
अभी तो पूरी किताब बाक़ी है!
कहने को तो बहुत कुछ है,
पर कहने का मन नहीं है!

तितली

तितली मरज़ी से फूल पर बैठे, तो सही;
पकड़ने जाओ, तो बिखरती है वही।

आई थी एक तितली,
उड़ चली हमारे घर से गुज़रकर।

अपनी मस्ती-धुन में, गीत गाती,
सब के मन में पराग रचाती।
जुड़ी नज़र जहाँ तक,
निहारता रहा मैं वहाँ तक!
फिर वो बाएँ मुड़ गई...

उस पल से मेरी दुनिया के दो फ़ासले हो गए।
एक का नाम रखा, "गली की दाईं ओर",
"दूसरे क़ो जन्नत मैं कहने लगा!"

कुछ सवाल

कुछ सवाल हैं मेरे,
मैं किसको पूछूँ?
बहुत पहले पूछे सवालों के
कुछ जवाब भी हैं मेरे
मैं किसको बोलूँ?

याद है? उस चाँदनी रात,
शीतल पवन, पावन साथ।
पूछा था तूने
"क्यों हमेशा ख़ुश रहा करते हो तुम?",
मुस्कुराते कहा था मैंने,
"तुम ही हो ख़ुशी का राज़।"
पर उस दिन अंदर से आई थी आवाज़, "...झूठे!"
बोल दे, तू हमेशा से ही ऐसा रहता है,
जलते अंगारों में भी मुस्कुराता रहता है।
दूसरों की ख़ुशियों में ख़ुद को ख़ुश पाता है,
ख़ुद को न समझते हुए भी
दूसरों को समझने की कोशिश करता है।

न रास्ते हैं एक, न इरादे,
न हँसी है एक, न ठहाके।
क्या सिर्फ़ चाहत काफ़ी है इन दिनों?
न रोटी, न चैन की करवटें?

सवाल ये उठा, “क्यों चाहत हुई तेरी मुझको?”
“क्यों ज़रूरत पड़ी किसी की बाँहों में समेटने की ख़ुद
को?”
“क्या मेरी आग-बबूली ज़िंदगी नहीं है काफ़ी?”
“क्यों एक और चिंगारी की ज़रूरत पड़ी मुझको?”

क्या इतने नादान हैं मेरे ख़्वाब,
कि मैंने बताए और तुम हँस दिए?
थोड़ा वक़्त ही तो माँगा है मैंने,
अपनी ज़िम्मेदारियाँ निभाने के लिए!

तेरी गैर-मौजूदगी

उस फूल का क्या करूँ,
जो तेरे जाते ही मुरझा गया।
उस लम्हे का क्या करूँ,
जो तेरे जाते ही चंद-सा लगा।

तोहफ़े–भेंट का इतना क्या सोचना,
तेरी आने वाली मुलाक़ात का ख़याल ही
मुझे हीरे–जवाहरात, कोहिनूर लगता है।

मृगजल

न तुझे याद आती है, न फ़िक्र होती है।
झूठे वादों की क्या ही उम्र होती है।
ज़ाली प्रेम पंक्तियों का
न बोझ होता है, न दिशा होती है।
सिर्फ़ ख़यालात में ही पास,
हक़ीक़त में छवि मृगजल बन जाती है।

हक़ीक़त में नहीं तो,
ख़्वाबों में ही आ जाओ सही।

आसान मौत माँगी थी मैंने,
तुमने तो इंतज़ार करवाके मार दिया।

तुम्हारी पहचान

तुम्हारी हर बात कर ली सबसे,
तुम्हारे हर राज़ उजागर कर दिए सबको।
अब सब जानते हैं तुम्हें,
सिर्फ़ पहचान नहीं पाते।

तुम्हारी परवानगी नहीं थी ना,
तो बस तुम्हारा नाम नहीं लिया किसी से।

उसने बोला, उसका एक ही राज़ है।

क्या वही राज़ है कि उसके कितने राज़ हैं?

तुम्हारे जैसे थोड़ी हैं।

हाँ, नज़र झुकाकर चलते हैं हम,
इसलिए नहीं कि आँखों में आँखें डाल नहीं सकते।
तुम्हारे जैसे थोड़ी हैं,
कीड़े-मकोड़ों की भी परवाह किया करते हैं हम।

ज़मीन पर भी पैर रखे हैं,
हमारी ऊँचाई पे मत जाओ।
तुम्हारे जैसे थोड़ी हैं,
बहुत गहराई है हममें।

आशिक़ हैं, सिर्फ़ तुमसे ही आशिक़ी करेंगे,
क़ीमती है हमारा दिल और समय।
तुम्हारे जैसे थोड़ी हैं,
ख़ैरात बाँटने नहीं आए हैं हम।

आप जो बोलते, हम सुन लेते।
जो काम देते, वो कर देते।
एक इशारे से जान भी दे देते।
बस ख़ामोशी के अलावा, सब सह लेते।

इकरार

दर्द है, बयाँ करो।

डर है, ख़फ़ा करो।

नवाज़िश है, पनाह करो।

नफ़रत है, गिला करो।

तन्हाई है, महफ़िल करो।

जुनून है, आग करो।

गुरूर है, आदाब करो।

बेवफ़ाई है, वफ़ा करो।

इश्क़ है,

क़ुबूल करो,

क़ुबूल करो,

क़ुबूल करो!

दूर जाते देखा

ख़ुद में समा जाने वालों को
हमसे दूर जाते देखा।
मिलते ही गले लगने वालों को
नज़रें चुराते देखा।

उनकी तस्वीरों में
किसी की परछाई को देखा।
मेरे दिए गुलाब के बगल में
बड़ा सा गुलदस्ता देखा।

मैं और तुम

मैं आँखों से ही बात जता देता,
अरे पर नज़र से नज़र मिला तो सही।
मत समझ अपने आप को हमसे छोटा,
ज़िंदगी में चाहे उठ पाए या नहीं,
यहाँ थोड़ा सर ऊपर उठा लो सही।

जुदाई का दर्द समझ पाओगी क्या?
सब कुछ अच्छा चल रहा है,
उसका फिर से ढोंग कर पाओगी क्या?
माना झूठी मक्कार लोमड़ी हो तुम,
पर क्या फिर से सच्चा प्यार का
नाटक कर पाओगी क्या?

ज़िंदगी में जब तू आई,
दो पल के लिए आश लौट आई।
जीने का मक़सद लौट आया,
इंसानियत पे भरोसा लौट आया।

याद रह गई तेरी हर बातें,

हर पल, हर लम्हे...

जब तू गई तो फिर से वो आग लौट आई...

कुछ करने का जज़्बा लौट आया।

प्यास तो तेरी है मुझको मगर,

कामयाबी से काम चला लूँगा मैं।

गुलाब और वो

उसको गुलाब पसंद थे,
मैंने गुलाब का पौधा रोप दिया।
वक़्त दिया, पानी दिया, खाद दी,
इंतज़ार किया, उम्मीद रखी।
बड़ा हुआ, ख़ुशबूदार फूल खिले,
पर तब तक तो वो मुरझा चुकी थी।

बहाने चाहिए किसी और को,
हम तो तेरी हँसी देखकर ही
हँस दिया करते हैं।

इन मुस्कुराहटों के पीछे

इन मुस्कुराहटों के पीछे
न जाने कितने राज़ छिपे हैं।
न जाने कितना शोर थमा है,
न जाने कितने मुर्दे गड़े हैं।

हमेशा तेज़ जाने वाला धैर्यहीन,
धीरे-धीरे चलने लगा।
तेरा साथ जो था ख़्वालम[1],
हर पल आहिस्ता-आहिस्ता कटने लगा।

तूने मुझे जब से
अपनी बाँहों में जकड़ा है,
मैं सातों जन्म
तेरे लिए सोचने लगा।

1 प्रिय

कभी-कभी रो लेना चाहिए,
चीज़ें साफ़-साफ़ नज़र आने लगती हैं।

नहीं समझा सकता हर चीज़ जानम,
बस यूँ ही अपनी कोख में रो लिया करने दो।

सब कुछ जानकर भी
तुम्हारे साथ होना चाहते हैं।
विष का घूँट
एक बार फिर पीना चाहते हैं।
इजाज़त है हमारी, करो
हम फिर से बर्बाद होना चाहते हैं।

तालमेल

तुम आख़िरी पन्ने पर पहुँचे,
अभी भी हम हैं अनुक्रमणिका में उलझे।

पड़ी हैं तुम्हारी दी हुई कविता की किताबें,
कभी खोलता हूँ वो पन्ने हरे-भरे।
सोचता हूँ, इसकी भी ख़ुशबू तुमने कभी छीनी होगी!

कुछ मिल जाते हैं बीच में पन्ने अस्पृष्ट[1],
न जाने क्यों छोड़े होंगे तुमने ये लम्हे अधूरे!

1 बिना छुआ हुआ

भाग 3

समाज और कुछ बातें

फूल की क्या ख़ुशबू

वो चित्र का क्या रंग, जो अभी बना नहीं;
वो जीवन का क्या भार, जो ख़ुद से ही ख़फ़ा नहीं।
वो रचना का क्या मूल्य, जो ख़ुद से रचा नहीं;
वो युद्ध का क्या परिणाम, जो अभी लड़ा नहीं।
उस प्यार का क्या नशा, जिसका घूँट पिया नहीं;
उस फूल की क्या ख़ुशबू, जो अभी खिला नहीं।

पर आते ही उड़ जाना,
फ़िलहाल ज़मीन पर ही तू खड़ा यहीं।
चींटियों की भीड़ में तेरी कोई जगह नहीं।
वक़्त की धूप में कच्चे ख़्वाबों को पकने दे;
बीज को तू बो पहले, अपनी जड़ें प्रबल कर।
अपने नाम की मिसाल तू क़ायम कर।

नाज़ुक शीशे जैसा था मैं,
आख़िर एक शीशे को कब तक तोड़ोगे?
कभी तो चुभूँगा मैं!

कैसे हैं वो लोग

कैसे हैं वो लोग, न जाने,
दिमाग़ से खेल जाते हैं।
अभी नहीं, कल करना कहकर,
ख़ुद आगे बढ़ जाते हैं।

कैसे हैं वो लोग, न जाने,
दिल का हिसाब रखते हैं।
प्यार जताने के बहाने,
बिल भरवा लिया करते हैं।

कैसे हैं वो लोग, न जाने,
वफ़ा का शोर मचाते हैं।
गले लगने के बाद,
तबाही का मंसूबा रखते हैं।

कैसे हैं वो लोग, न जाने,
इंसानियत का ढोंग करते हैं।
फ़र्ज़ नहीं, उपकार है कहकर,
भीख में रिश्वत लेते हैं।

कैसे हैं वो लोग, न जाने,
ज़िंदा शरीर को कठपुतली बनाते हैं।
जाति, धर्म और देश के नाम पर,
ख़ुद की जेबें भरते हैं।

कैसे हैं वो लोग, न जाने,
सब त्यागने को बोलते हैं।
मन बहला देकर,
सोने की थाल में खाते हैं।

कैसे हैं वो लोग, न जाने,
सब जानकर भी अनजान रहते हैं।
ख़ुद को दिलासा देकर,
अच्छे भविष्य की उम्मीदें करते हैं।

हम ज़माने से कुछ दिन अलग क्या हुए,
ये ज़माना ही बदल गया।
लहरें आया करती थीं यहाँ,
पूरा समंदर ही बह गया!

नन्हा पहाड़

मुस्कुरा रहा था झरना मुझपे होकर,
पंछी किलकिला रहे थे ठिकाना पाकर।
चोटी खींचकर भाग जा रहे थे बादल,
रखता मैं सबको राज़ी,
आख़िर है हज़ारों सालों की ये बाज़ी।

अपने भाइयों में था थोड़ा बौना,
काट दी मेरी चोटी,
उँचाई हो गई सौ मीटर से छोटी।
किसी ने कहा, निकल जाओ यहाँ से,
तुम्हारा क्या वजूद!
तुम थोड़ी हो पहाड़?

ज़िंदगी ही क्या जी तुमने?

अगर तुम्हारे जाने से
फ़र्क़ ना पड़ा उनको,
तो ज़िंदगी ही क्या जी तुमने?

अगर तुम्हारे आने से
फ़र्क़ ना पड़ा हमको,
तो ज़िंदगी ही क्या जी तुमने?

धूप देखी, छाँव देखी, इस बीच बारिश में
हथेली आगे करके तुम ना मुस्कुराए,
तो ज़िंदगी ही क्या जी तुमने?

आज़ादी

हिंदुस्तान की बग़ावत हो,
सब जुटों की ताकत हो,
मक़सद था आज़ादी।
खुले पंखों से उड़ने का वजूद,
बाँहें भरकर लेने की करवट,
बिन तौल जीने की साँसें;
मक़सद था आज़ादी।
क्या हम सच में आज़ाद हैं?

चक्रव्यूह में उलझाने की साज़िश,
खच्चर के माफ़िक़ भगाने की कोशिश।
हाथ में शीशे[1] से खेलकर हर रोज़,
सोच रहे हम खिलाड़ी हैं;
न रास्ते का होश, न लगाम हाथ में है।
बंदी हैं बिना जेल के,
और ख़ुद ही पहरेदार बन चुके हैं।
क्या हम सच में आज़ाद हैं?

ज़ंजीर लोहे की नहीं होती हर बार,
कठपुतली के धागे नहीं दिखते बार-बार।
जहाँ सवाल महँगे, और ख़ामोशी सस्ती हो,
धर्म-जाति के नाम पर सामूहिक अत्याचार हो।
बोलते हैं सिर्फ़ उतना, जितना सहा जा सके,
मेहनत जनता की जेबें भरे चालाक बंदर।
क्या डरना जब सब अपना, बाहर या जेल के अंदर!
क्या हम सच में आज़ाद हैं?

1 फोन

चाँद ही तो है, ऐसे क्या तड़प रहे हो?
फूल ही तो है, ऐसे क्या मदहोश हो रहे हो?
चाँदनी भी जाएगी और महक भी,
थोड़ा सब्र करो, थोड़े दिन बाद फिर लौट आएगी!

सोने की बेड़ियाँ

कर दिया क़ैद चार दीवारों में,
ना हवा, ना पानी छू पाए तुम्हारे गालों पे।
फिर पूछ रहे हो
"बारिश नहीं हुई हमारे आँगन में?"

पहनकर सोने की बेड़ियाँ,
नाचना तुम चाहते हो।
फिर पूछ रहे हो
"ये दर्शक हैं या ख़रीदार?"

मार कर सजीव वृक्ष,
अपनी गाड़ी वहाँ लगवा ली।
फिर पूछ रहे हो
"हवा क्यों हो गई काली?"

विचार अपने थोपकर, घोंट लिया गला,
जो वो कहे— निकले स्वर वही!
फिर पूछ रहे हो
"गाने में आजकल सुर क्यों नहीं?"

एक गीदड़

एक गीदड़ घर में रहता,
वो ख़ुद को शेर समझता।
दूसरों के टुकड़ों पर रहता पलता,
मुर्दों पर गुज़ारा करता।

पराए ख़्वाबों पर तैरना चाहता,
वो हमेशा रहता भौंकता।
एक गीदड़, जो शोर मचाता;
भूल जाता, वो गीदड़ है।

बिन पैरों उड़ सकता है;
लोग कहते, उसको कौआ है।

मृदंग

न ढंग के, बेढंग के;
ये सवाल हैं मृदंग के।
चाल से और ढाल से,
न रंग के, न रूप के।

थाप से, ताल से;
है सवाल राग के।
विपत्ति है, आपत्ति है,
शब्दों की दुर्गति है।

न चाहिए शब्द, न गीत;
बस लय से, सुर से,
राग के द्वंद्व से;
मृदंग बोले बेबाक।

धिनक-धिनक, धिना-धिना...
तिरक-तिरक, तिन-ता।
स्वर्ग में लय की अभिलाषा,
संगीत की यही परिभाषा।

गुलाब

खिलने दिया उनको गुलाब समझकर,
वो तो बबूल निकले।

आने दिया उनको सावन समझकर,
वो तो पतझड़ निकले।

समझ गए थे उनको साँप, मगर
वो, हमारी लाश के टुकड़ों पे
पलने वाले गीदड़ निकले।

कहाँ हो तुम?

नदियों में या पहाड़ों में?
हवाओं में या तूफ़ानों में?
अग्नि में या चिंगारों में?
सुन्दर वन–उपवन, बहारों में?

कचरा फैलाते कीड़ों में?
या शीशे जैसे साफ़ सीधों में।
चिड़ियों के गानों में?
या बलात्कारी निर्जीवों में?

धनवानों में या रंकों में?
सत्ता के झूठे झाँकों में?
ठगा जाने वाले सच्चों में
या ठगने वाले बच्चों में?

कहाँ हो तुम?
कोई कहता है इसे परीक्षा,
मैं कहता हूँ, तुम्हारा मनोरंजन।

महामारी

बहुत दिनों बाद
साफ़-सुथरे आसमान को देखा,
टिमटिमाते तारों को देखा।
दूर ऊँची मीनारों को देखा,
बहती पारदर्शी नदियों को देखा।

उड़कर आ रही हैं चिलबिल की तितलियाँ,
पकड़ते-पकड़ते भागे जा रही है आक की रूई।
बचपन के बाद आज,
चिड़ियों के झुंड को देखा।
जगभक्षी को दीवारों में क़ैद देखा,
जग को सारे जहाँ में देखा।

कैसे तड़प रहे हैं दीवारों में क़ैद,
सिर्फ़ एक महामारी का है खेल।
बरसों से क़ैद हैं पशु-पंछी दानव के,
पृथ्वी हो गई थी धुंधली,
सिर्फ़ अंतरिक्ष उजला होना बाक़ी है!

मैं तो चश्मा लाना भूल गया

सूरज खिला है सामने,
निकल पड़ा मैं पहाड़ों में।
सुना है, एक तालाब है बीच में,
पहुँच गया अद्भुत नज़रिया देखने।
सब के बहकावे में आ गया,
जल्दी-जल्दी में, मैं चश्मा लाना भूल गया।

रास्ते में मिले एक चाचा,
हाथ में लकड़ी, होंठों पे बीड़ी।
"घूमने आए हो क्या?" उन्होंने पूछा,
"जाओ उस तरफ़, सब कहते नज़ारा है बढ़िया।
देख आओ तुम भी;
हमारे पैर काम नहीं कर रहे अभी।"

मछलियाँ तिल-मिलाती थीं,
बगुले लुत्फ उठा रहे थे।
हिरन को चारा डालकर,
कुछ लोग भाग रहे थे।

चोटी से ओस का नज़रिया,
मन को मुग्ध कर रहा था।

वापसी रास्ते में मिला एक बच्चा,
हाथ में गेंद, कंधे पे बल्ला।
"घूमने आए हो क्या?" मैंने पूछा,
"जाओ उस तरफ़, सब कह रहे नज़ारा है बढ़िया।
देख के आओ तुम भी;
मैं तो चश्मा लाना भूल गया।"

बच्चा बोला, "ओ चाचा,
एक आदमी तालाब में डूब गया।
चीता वन से भाग आया,
थोड़ी दूर पहाड़ों से।
किसी का खेत जल गया;
मैं तो सब छोड़कर, अब घर चला।"

मनरागी

हे मनरागी, ये कोई राग है जो नाराज़ है,
मन द्वीपे — न राह, न कोई आवाज़ है।
उस शिखर पर, मन के राग हताश हैं,
हे मनरागी, इसके आगे भी कोई राग है?

शब्दों में आग है, न किसी का साथ है,
विद्रोही स्वभाव तेरा, अँधेरे में राख है।
जंगल की शांति में बिखरने वाली तेरी आवाज़ है,
हे मनरागी, ये भी कोई राग है?

चेहरों के पीछे सब अनजान हैं,
खाल छील, उसके भीतर — सब एक राग है।
थोड़ा और खुरेद, उनमें अनेक राग हैं।
हे मनरागी, तेरा क्या राग है?

ख़ामोशी में भी एक आवाज़ है,
उसमें लिपटे लम्हों का कोई राज़ है।
अपनी ही धुन में तेरा साज़ है,
हे मनरागी, तू अपने आप में ही आबाद है!

धन्यवाद!

— मनरागी

YouTube: @Manragi

Instagram: @manragi.thaharav

www.ingramcontent.com/pod-product-compliance
Lightning Source LLC
LaVergne TN
LVHW090332210926
848480LV00004B/1379
* 9 7 9 8 9 0 3 9 2 0 8 5 3 *